DIE KRAFT DER WAHRHEIT

Mahatma Gandhi in Worten und Gedanken

DIE KRAFT
DER WAHRHEIT

Mahatma Gandhi

in Worten und Gedanken

benno VERLAG

Die Deutsche Bibliothek - CIP Einheitsaufnahme

Die **Kraft der Wahrheit** : Mahatma Gandhi in Worten
und Gedanken / [hrsg. von Robert Rothmann].
- Leipzig : Benno Verl., 1999
    ISBN 3-7462-1325-8

Dieses Buch wurde nach den neuen amtlichen
Rechtschreibregeln gesetzt.

ISBN 3-7462-1325-8

Herausgegeben von Robert Rothmann
© St. Benno Buch- und Zeitschriftenverlagsgesell-
schaft mbH, Leipzig
1. Auflage 1999
Gestaltung: Ulrike Vetter, Leipzig
Satz und Herstellung: Arnold & Domnick, Leipzig
Printed in the Czech Republic

INHALT

Unsere Welt scheint immer mehr von negativen Entwicklungen geprägt zu sein. Die geschäftstüchtige falsche Freundlichkeit, das Regieren des Geldes, das Ansteigen der Gewalttätigkeit, die Flut der Werbung und der seichten Unterhaltung, der Fremdenhass: Symptome einer egoistischen und kalten Welt, die von vielen Menschen beklagt werden. Wir finden meist nicht die Kraft gegen diese Entwicklung zu kämpfen und passen uns an, suchen kleine Vorteile herauszuschlagen, sichern ängstlich unsere Häuser, werden immer gleichgültiger gegen die Nachrichten zwischen der Werbung, schauen weg, wenn Fremde belästigt werden. Es geht über unsere Kraft die Dinge allein zu ändern. Dabei sehnen wir uns manchmal nach einer Welt, die einfacher und bequemer war, in der die Einteilung in Gut und Böse die Menschen so oder so geeint hat. Vor allem sehnen wir uns nach der Zeit, in der Solidarität das bestimmende Prinzip war, in der gegen Falschheit und Gewalt demonstriert wurde und die Mitgestaltung einer neuen Gesellschaft möglich war:

die Zeit der Wende 1989/90. Manchmal sieht es so aus, als ob das gescheitert wäre. Andere, für uns manchmal ebenso verkrustete und undurchschaubare Strukturen, scheinen uns jetzt wieder zu beherrschen.

Was war in der Zeit des Umbruchs so anders? Die Lehren der Gewaltlosigkeit Mohandas Karamchand »Mahatma« Gandhis (1869–1948) sind da – bewusst oder unbewusst – konsequent angewendet worden. Der Erfolg der Gewaltlosigkeit hängt mit der Suche nach Wahrheit zusammen. Die Wahrheit findet der Mensch in seinem Inneren. Wahrheit war für Gandhi gleichbedeutend mit Gott. Hat man die Wahrheit erkannt, muss man mit allen Mitteln an ihr festhalten, um den Preis des Lebens. Gandhi erkannte aber auch, dass man sich eine private, bequeme Wahrheit zurecht machen kann. Das Beharren auf dieser Wahrheit kann hartherzig und fanatisch machen. Deshalb war für ihn die Grundlage der Wahrheit die Loslösung von allen materiellen Dingen und irdischen Begierden. So lange der

Mensch sein Herz an etwas anderes hängt, kann er nicht mit seinem Leben für die Wahrheit einstehen. Die radikale Loslösung, die uns heute übertrieben vorkommt, ist aber nicht zu verwechseln mit Weltfremdheit. Gandhi kannte die politische Situation, aber auch die Nöte der einfachen Menschen. Er war eng befreundet mit Nehru, dem ersten Ministerpräsidenten Indiens, er ging aber auch in die Slums und pflegte die Kranken. Die Kraft für dieses Leben erhielt Gandhi durch Meditation und Gebet. Der Mut, für die Wahrheit ein gesichertes Leben oder die Freiheit aufs Spiel zu setzen, ist der Schlüssel für den Sieg der Gewaltlosigkeit. Wir denken an die Bürgerrechtskämpfer in Amerika, an die Streiks in Danzig, die Demonstrationen in Leipzig und Prag. Gandhi forderte die Menschen auf, lieber für die Wahrheit zu sterben, als zu fliehen und sich anzupassen.

Gandhi musste in seinem Leben aber auch viele Rückschläge hinnehmen. Viele Menschen fielen nach den Aktionen in ihr altes Leben zurück, sie betrachteten die Lehre Gandhis nur als eine Methode des politischen Kampfes. In einigen wichtigen politischen Anliegen scheiterte Gandhi. Weshalb interessieren wir uns dann noch für ihn?

Gandhis faszinierende Ausstrahlung beruht nicht nur auf seiner Fähigkeit im politischen Kampf. Er war sein Leben lang auf der Suche nach Wahrheit, Loslösung, Gewaltlosigkeit, Gebet und Liebe. Er wusste, dass er kein vollkommener und starker Mensch war. So verhielt er sich jahrelang gegenüber seiner Frau Kasturba wie ein typisch indischer Ehemann: als Tyrann. Er wollte sie erziehen und war chronisch eifersüchtig. Kasturba hatte einen starken Willen. Sie zeigte ihm, indem sie trotz seines radikalen Lebensstils und seiner vielen Aktivitäten bei ihm blieb und liebevolle Geduld übte, dass Gewaltlosigkeit und Toleranz auch in das private Leben gehörten. Bei ihrem Tod bekannte Gandhi, dass sie seine treueste Gefährtin im Kampf gegen die Ungerechtigkeit war.

Der Weg Gandhis kann auch für uns, obwohl wir uns vielleicht für zu schwach halten, eine Anregung sein. Warum soll uns die Situation heute schrecken? Die freie Gesellschaft bietet alle Möglichkeiten der aktiven Beteiligung, ja sie ist sogar darauf angewiesen.

Wer hindert uns daran, zu Kunden aufrichtig zu sein? Wer hindert uns daran, etwas von unserem Überfluss für Flüchtlinge wegzugeben? Wer hindert uns daran, Zivilcourage zu zeigen?

Wer hindert uns daran, statt fernzusehen einmal bei einer schönen Musik zu meditieren? Wer hindert uns daran, mit anderen gegen Fremdenfeindlichkeit vorzugehen?

Gandhi sah deutlich, dass Freude und Kraft nicht von Besitz und schönen Gefühlen herrühren, sondern von einem Leben in Wahrheit.

Das Buch mit vielen Weisheiten Gandhis soll uns anregen, die Kraft der Wahrheit auszuprobieren: »Jene, die an die einfachen Wahrheiten, die ich niedergeschrieben habe, glauben, können sie nur propagieren, indem sie sie leben.«

FALSCHHEIT
ANPASSUNG
STANDHAFTIGKEIT
WAHRHEIT

WAHRHEIT SUCHEN

EINFÜHRUNG

Eines schlug tiefe Wurzeln in mir: die Überzeugung, dass Moral die Grundlage der Dinge und dass Wahrheit die Substanz aller Moralität ist. Wahrheit wurde mein einziges Ziel. Sie nahm täglich an Bedeutung zu, und meine Vorstellung von ihr wurde immer weiter.

Eine didaktische Stanze auf Gujarati ergriff meinen Geist und mein Herz gleichermaßen. Ihre Weisung – zahle Gutes für Übles – wurde mein Leitprinzip. Es wurde für mich eine solche Leidenschaft, dass ich zahlreiche Experimente damit begann. Hier sind jene (für mich) wundervollen Zeilen:

Für eine Schale Wasser gib ein tüchtiges Mahl.
Für einen freundlichen Gruß neig dich rasch
zur Erde.
Für einen bloßen Pfennig zahle zurück in Gold.
Wer dein Leben rettet, dem enthalte das
Leben nicht vor.
Achte auf die Worte und Taten des Weisen:
Sie vergelten jeden kleinen Dienst zehnfach.
Doch der wahrhaft Edle erkennt alle Menschen
als eines und gibt mit Freude Gutes
für das Üble, das man ihm antat.

FALSCHHEIT

Ein kleiner Fehler,
klein wie ein Senfkorn,
wird groß wie ein Berg,
wenn er vertuscht werden soll.
Er kann aber ausgerissen
werden, wenn ein offenes
Bekenntnis erfolgt.

Selbst die geringste
Unwahrheit verdirbt
den Menschen,
wie ein Tropfen Gift
einen ganzen See verdirbt.

FALSCHHEIT

Hüten wir uns vor
trügerischem Wissen.
Was uns von der Wahrheit
fernhält oder von ihr abwendet
ist trügerisches Wissen.

Ein unwahrhaftiger Mensch
sucht sich viele Schlupflöcher
offenzuhalten. Und wenn er
durch das eine oder andere
entkommt, hält er sich für
sehr gerissen. In Wahrheit
gräbt er sich damit
nur selbst eine Grube.

FALSCHHEIT

Der Hang zum Übertreiben,
zum Unterdrücken oder
Verzerren der Wahrheit ist
eine menschliche Schwäche.
Wir könnten sie überwinden,
wenn wir das Schweigen
üben.

ANPASSUNG

Ein Mensch kann nicht in
einem Bereich des Lebens
recht handeln, während er in
einem anderen Bereich
gerade Schlechtes tut. Das
Leben ist ein unteilbares
Ganzes.

 ## ANPASSUNG

Trägheit ist ein köstlicher,
aber bedrückender Zustand;
wir müssen tätig sein
um glücklich zu sein.

Es ist unter der Würde des
Menschen, die eigene
Individualität zu verlieren und
ein bloßes Rädchen in der
Maschinerie zu werden.

ANPASSUNG

Damit auch nur ein Diamant
gefunden wird, müssen
Hunderte Tonnen Erde und
Stein in harter Arbeit
ausgegraben werden.
Wenden wir auch nur einen
Bruchteil dieser Arbeit auf,
um den Schutt der Unwahr-
heit wegzuräumen und nach
dem Diamanten der Wahrheit
zu suchen?

Höre nicht auf Gerüchte;
und wenn du sie hörst,
glaub sie nicht.

STANDHAFTIGKEIT

Mein Glaube an die
Gewaltlosigkeit verpflichtet
mich zu äußerster
Entschlossenheit. Da bleibt
kein Raum für Feigheit oder
Schwäche. Bei dem
Gewalttätigen besteht immer
noch Hoffnung, dass er eines
Tages zur Gewaltlosigkeit
findet, beim Feigling nicht.

STANDHAFTIGKEIT

Zwischen Eigensinn und
Standhaftigkeit ist ein großer
Unterschied. Der Versuch,
die eigene Sicht anderen
aufzudrängen, ist Eigensinn.

STANDHAFTIGKEIT

Standhaftigkeit besteht darin,
dass wir uns selbst
willentlich etwas auferlegen
mit dem Ergebnis, dass wir
andere dazu bringen, unsere
Sicht aus ihrem eigenen
freien Willen anzunehmen.

Bürgerlicher Ungehorsam
ist das angeborene Recht
jeden Bürgers.
Gibt er es auf, hört er auf,
ein Mensch zu sein.

STANDHAFTIGKEIT

Ungehorsam ist nur
bürgerlich, wenn er ehrlich,
rücksichtsvoll, zurückhaltend,
niemals herausfordernd ist.
Ihm muss ein
wohlverstandenes Prinzip zu
Grunde liegen, er darf nicht
launisch sein, und – vor
allem – darf kein böser Wille
oder Hass dahinter stehen.

Die Wahrheit
ist hart wie Diamant
und zart wie
eine Blüte.

WAHRHEIT

Die Wahrheit
ist wie ein Baum,
der immer mehr Früchte trägt,
je mehr man ihn nährt.

Jene, die an die einfachen
Wahrheiten, die ich
niedergeschrieben habe,
glauben, können sie nur
propagieren, indem sie sie
leben.

 WAHRHEIT

Im Herzen eines jeden
Menschen gibt es Wahrheit,
und man muss sie dort
suchen und sich von ihr
leiten lassen, wenn man die
Wahrheit sieht. Aber niemand
hat das Recht, andere zu
zwingen nach seiner Sicht
der Wahrheit zu handeln.

Jedes wirklich
erstrebenswerte Ziel kann mit
Wahrhaftigkeit erreicht
werden.

PRIVILEGIEN
NACHTEILE
SELBSTLOSIGKEIT
FREIHEIT

FREIHEIT FINDEN

EINFÜHRUNG

Ich ging einmal in Pretoria zu einem englischen Friseur. Er lehnte es voll Verachtung ab mir die Haare zu schneiden. Ich fühlte mich zutiefst beleidigt, kaufte mir aber sofort eine Schere und schnitt vor dem Spiegel meine Haare. Mir vorne die Haare zu schneiden, gelang mir mehr oder weniger, aber ich verdarb die Rückseite. Die Freunde am Gericht schüttelten sich vor Lachen. »Was ist mit Ihren Haaren los, Gandhi? Sind da die Ratten drin gewesen?«
»Nein. Der weiße Friseur wollte sich nicht herbeilassen, mein schwarzes Haar anzurühren«, sagte ich. »Daher zog ich vor, es selbst zu schneiden, wie schlecht auch immer.«

Die Antwort überraschte die Freunde nicht. Der Friseur war nicht zu tadeln, weil er sich geweigert hatte, meine Haare zu schneiden. Es stand zu erwarten, dass er seine Kundschaft verlor, wenn er Farbige bediente. Wir erlauben unseren Friseuren nicht, ihre unberührbaren Brüder zu bedienen. Ich bekam die Quittung dafür in Südafrika, nicht einmal, sondern oft, und die Überzeugung, dass dies die Strafen für unsere eigenen Sünden waren, hinderte mich, mich zu ärgern.

PRIVILEGIEN

Die Sinnesobjekte kommen
und gehen. Der Punkt auf
den zu achten ist, ist der,
dass wir uns elend fühlen,
wenn sie entschwinden;
aber wenn wir sie selbst
ausschlagen, sind wir erfreut
und fühlen uns glücklich.

Wir leben nicht zu unserer
Belustigung. Wir leben,
um den Schöpfer zu
vergegenwärtigen und
der Schöpfung zu dienen.

PRIVILEGIEN

Ich bin entschieden der
Meinung, dass man für
öffentliche Wirksamkeit keine
kostbaren Geschenke
annehmen darf.

Vor allem muss man damit
aufhören, wissenschaftliche
Erkenntnisse und
Entdeckungen zu bloßen
Mitteln der Habgier zu
machen.

PRIVILEGIEN

Ich hasse Privilegien und
Monopole. Alles, was nicht
mit den Massen des Volkes
geteilt werden kann,
lehne ich ab.

BENACHTEILIGUNG

Wer aufgrund der Umstände
arm ist, kann nicht durch
freien Entschluss arm werden.

BENACHTEILIGUNG

Ich glaube, es ist für einen
Menschen erniedrigend
müßig zu bleiben und von
Almosen zu leben.

Gott wohnt weder im Tempel
noch in der Moschee. Er ist
weder drinnen noch draußen.
Wenn er überhaupt irgendwo
ist, dann im Hunger und
Durst der einfachen Leute.

 BENACHTEILIGUNG

Wenn Gott in allem wohnt,
was im Universum existiert,
wenn der Gelehrte wie der
Straßenkehrer von Gott sind,
dann gibt es keinen, der
hoch ist, und keinen, der
niedrig ist, alle sind ohne
Einschränkung gleich, sie
sind gleich, weil sie die
Geschöpfe jenes Schöpfers
sind.

Die Reichen halten sich
überflüssige Vorräte an
Dingen, die sie nicht
brauchen, während Millionen
am Rande des Verhungerns
leben. Würde jeder seinen
Besitz auf das einschränken,
was er braucht, so müsste
niemand in Not leben, und
alle wären zufrieden.

SELBSTLOSIGKEIT

Es gibt einen Zeitpunkt,
an dem ein Individuum
unwiderstehlich wird und das
Ergebnis seines Handelns
alles durchdringt. Dieser
Zeitpunkt kommt,
wenn er sich selbst
auf Null reduziert.

SELBSTLOSIGKEIT

Genau, wie man nichts
erhalten darf, so darf man
auch nichts besitzen, was
man nicht wirklich braucht.

SELBSTLOSIGKEIT

Verfolge den Weg einer jeden
Münze, die in deiner Tasche
landet, und du wirst durch
solches Nachdenken viel
lernen.

Ohne Selbstlosigkeit,
wie kann es da
Furchtlosigkeit geben?

SELBSTLOSIGKEIT

Verzicht auf Dinge ohne
Verzicht auf Wünsche
ist kurzlebig,
wie sehr man sich auch
bemühen mag.

Und wo zwischen Freiheit
und Gelehrsamkeit zu wählen
ist – wer wird da nicht sagen,
dass jene der letzteren
tausendfach vorzuziehen sei?

FREIHEIT

Der ist für immer frei, der
ausbricht aus dem Ich-Käfig
von Ich und Mein
um mit dem Herrn der Liebe
in einem höheren
Bewusstsein vereint zu sein.
Danach strebe und schreite
vom Tode zur Unsterblichkeit.

Eine Frau ist nicht hilflos. Sie
soll sich nie für schwächer
halten als ein Mann.
Und sie soll daher auch nie
an das Mitleid eines Mannes
appellieren noch sich von ihm
abhängig machen.

FREIHEIT

Wer niemandes Sklave
werden will,
muss der Sklave Gottes
werden.

Eine selbst auferlegte
Einschränkung bedeutet
keinen Zwang.

BEDROHUNG
ANGST
KEINE GEWALT
FRIEDEN

FRIEDEN STIFTEN

EINFÜHRUNG

Der Zug erreichte Maritzburg, die Hauptstadt von Natal, gegen neun Uhr abends ... dann kam ein Passagier und musterte mich von oben bis unten. Er sah, dass ich ein Farbiger war. Das störte ihn. Er ging hinaus und kam mit ein oder zwei Beamten wieder. Alle verhielten sich ruhig, bis ein anderer Beamter auf mich zukam und sagte: „Kommen Sie mit! Sie müssen in den Gepäckwagen steigen."

„Aber ich habe eine Fahrkarte erster Klasse", sagte ich.

„Das ist einerlei", entgegnete der andere...„Sie müssen dieses Abteil verlassen, sonst muss ich einen Polizisten rufen, um Sie hinauszuwerfen."

„Ja, das können Sie tun. Freiwillig auszusteigen weigere ich mich." Der Polizist kam. Er ergriff meine Hand und warf mich hinaus. Auch das Gepäck wurde hinausbefördert. Ich lehnte es ab, den Gepäckwagen zu besteigen, und der Zug fuhr ab. Ich ging in den Warteraum und setzte mich hin. Meinen Handkoffer hatte ich mitgebracht und das übrige Gepäck dort gelassen, wo es war...

Es war Winter, und der Winter ist in der höchsten Region Südafrikas sehr kalt...Mein Mantel befand sich in meinem Gepäck, aber ich wagte nicht, ihn zu verlangen, aus Furcht, erneut beschimpft zu werden.

BEDROHUNG

Eine Gewalthandlung ist
begrenzt und kann
fehlschlagen.

Ich lehne Gewalt ab,
weil das Gute,
das sie zu bewirken scheint,
nicht lange anhält;
dagegen ist das Schlechte,
das sie bewirkt,
von Dauer.

BEDROHUNG

Gewalt ist die Waffe
des Schwachen;
Gewaltlosigkeit
die des Starken.

Die Grausamkeit des einen
ist das Maß für die Güte
des anderen.

BEDROHUNG

Es gibt nur einen Weg,
durch Gewaltlosigkeit
Unabhängigkeit zu erreichen:
Wenn wir sterben, leben wir,
wenn wir töten, niemals.

Euer ärgster Feind ist
die Furcht. Sie zerfrisst
das Leben dessen, der sich
von Terror einschüchtern
lässt, wie auch das Leben
des Terroristen.

ANGST

Ich kann mir einen
schwerbewaffneten Mann
vorstellen, der doch in
seinem Herzen feige ist, ...
echte Gewaltlosigkeit ist
unmöglich, wenn man nicht
furchtlos ist.

Wer Angst hat, scheitert.

ANGST

Es ist ein Zeichen von
Degeneration, wenn
herausragende Menschen,
Stützen der Gesellschaft,
fassungslos und aufgebracht
die Hände ringen, kaum dass
sich eine Gefahr auch nur von
ferne zeigt.

Der menschliche Geist kennt
im allgemeinen zwei Arten
von Furcht: Furcht vor dem
Tod und Furcht vor dem
Verlust materiellen Besitzes.

KEINE GEWALT

Wahre Gewaltlosigkeit
ist eine Unmöglichkeit
ohne den Besitz
vollkommener Furchtlosigkeit.

Die Menschheit muss durch
die Gewaltlosigkeit aus der
Gewalt herausfinden.

KEINE GEWALT

Der Gewalt muss
abgeschworen werden, denn
das Gute, das sie scheinbar
erreichen kann, ist bloßer
Schein, während der von ihr
angerichtete Schaden von
Dauer ist.

KEINE GEWALT

Gewaltlosigkeit wird auf die
Probe gestellt, wenn sie der
Gewalt gegenübersteht.

KEINE GEWALT

Gewaltlosigkeit in ihrer
dynamischen Form bedeutet
bewusstes Leiden. Sie
bedeutet nicht, sich demütig
dem Willen des Übeltäters zu
unterwerfen, sondern sie
bedeutet, sich mit ganzer
Seele mit dem Willen des
Tyrannen zu messen.

Ich kann die Abstriche nicht
gutheißen, die man an der
Bergpredigt zu machen
pflegt. Im Neuen Testament
finde ich nirgends eine
Rechtfertigung des Krieges.

FRIEDEN

Die Leiden des Krieges
schaden beiden Seiten.
Die Leiden, die entstehen,
wenn wir den Weg
des Friedens folgen, müssen
dagegen beiden Seiten
zugute kommen. Sie sind wie
schmerzliche und zugleich
freudige Geburtswehen.

Je mehr Gewaltlosigkeit
angewandt wird, um so
wirksamer wird sie und um
so unerschöpflicher, und am
Ende steht die ganze Welt
mit offenem Mund da und
ruft: Ein Wunder ist
geschehen!

FRIEDEN

Wie ich schon früher zu
verstehen gab, halte ich die
Frau für eine Verkörperung
von Ahimsa (Gewaltlosigkeit).
Ahimsa bedeutet unendliche
Liebe, worin sich auch
unbegrenzte Leidensfähigkeit
ausdrückt. Lasst die Frau
diese Liebe auf die ganze
Menschheit ausdehnen...

FRIEDEN

Der Weg des Friedens
ist der Weg der Wahrheit.

PROPAGANDA

GLEICHGÜLTIGKEIT

GEBETE

KRAFT

KRAFT SCHÖPFEN

EINFÜHRUNG

In England entdeckte ich zuerst die Nichtigkeit bloßen theoretischen Wissens von der Religion. Wie ich bei früherer Gelegenheit gerettet wurde, ist mehr, als ich sagen kann, denn damals war ich ganz jung ... Ich wusste damals nichts vom Wesen der Religion oder Gottes und davon, wie er in uns wirkt. Nur unbestimmt begriff ich, dass Gott mich bei dieser Gelegenheit gerettet hatte. Bei allen Prüfungen hatte er mich gerettet. Ich weiß, dass der Satz »Gott rettet mich« heute für mich einen tieferen Sinn besitzt, und doch spüre ich, dass ich seine volle Bedeutung immer noch nicht erfasst habe. Einzig reichere Erfahrung kann mir

zu vollkommeneren Verständnis verhelfen ...
Demütige Bitten, Andacht, Gebet sind kein
Aberglaube; sie sind Handlungen von größerer
Wirklichkeit als Essen, Trinken, Sitzen und
Gehen.

PROPAGANDA

Ein Schriftsteller bietet fast
immer nur einen Aspekt
der Sache, wohingegen jede
Sache von nicht weniger als
sieben Gesichtspunkten her
betrachtet werden kann, die
wahrscheinlich an sich
allesamt richtig sind, nur
nicht zur gleichen Zeit und
unter den gleichen
Bedingungen.

Die Religion eines anderen
herabsetzen,
… die Unwahrheit sagen,
unschuldigen Menschen
den Schädel einschlagen,
Tempel und Moscheen
entweihen – alles das
ist die Verneinung Gottes.

An die Allmacht der Vernunft
zu glauben ist genauso
Götzendienst wie Stock und
Stein anzubeten und zu
glauben, sie seien Götter.

Das Gewissen ist nicht für
alle die gleiche Sache. So ist
es zwar eine gute Richtschnur
für das Verhalten des
Einzelnen, dieses Verhalten
aber allen aufzwingen zu
wollen, wäre eine
unerträgliche Einmischung in
die Gewissensfreiheit des
Einzelnen.

PROPAGANDA

Der Mensch kapituliert leicht,
wenn die Sünde sich im
Gewand der Tugend
präsentiert.

Gottes Wort ist: »Ich bin, war
und werde immer sein, ich
bin überall und in allem.«
Wir wissen das, und doch
wenden wir uns ab von Gott,
suchen Zuflucht im
Vergänglichen und
Unvollkommenen und
begeben uns so ins Elend.
Ist das nicht unglaublich?

 GLEICHGÜLTIGKEIT

Wer Gott vergisst,
vergisst sich selbst.

GLEICHGÜLTIGKEIT

Wenn wir ein wahres Leben
leben wollen, müssen wir
unsere gedankliche
Bequemlichkeit aufgeben und
über das Grundsätzliche
nachdenken.
Darüber wird unser Leben
sehr einfach werden.

GLEICHGÜLTIGKEIT

Obwohl wir mit eigenen
Augen sehen, dass Jung und
Alt, Reich und Arm aus
diesem Leben scheiden,
wollen wir uns keine Ruhe
gönnen; wir versuchen alles,
um einige Tage länger zu
leben und vergessen dabei
Gott.

Gott vergisst uns nie;
wir sind es,
die ihn vergessen.
Und das ist unser Elend.

 GEBETE

Von Herzen kommendes
Gebet kann bewirken, was
durch nichts sonst auf der
Welt erreicht werden kann.

Der Mensch hat zwei Augen
und zwei Ohren,
aber nur eine Zunge;
er soll also nur halb soviel
reden wie sehen und
halb soviel reden wie hören.

Wenn wir zu spät zum Zug
kommen, versäumen wir ihn.
Was ist, wenn wir zu spät
zum Gebet kommen?

Ziel unseres Gebetes ist es
nicht, Gott zu gefallen –
denn er braucht unser Bitten
und Loben nicht –,
sondern uns selbst zu
reinigen.

GEBETE

Wahres Gebet bleibt nie
unbeantwortet. Das bedeutet
nicht, dass wir jede Kleinigkeit,
die wir von Gott erbitten, auch
bekommen. Nur wenn wir uns
bemühen, bewusst unsere
Selbstsucht abzulegen, und
uns Gott in echter Demut
nähern, dann finden unsere
Gebete eine Antwort.

Ich halte mich selbst für
unfähig irgendein Lebewesen
auf der Erde zu hassen.
Durch einen langen Weg der
Disziplin des Gebets habe ich
seit über vierzig Jahren
aufgehört irgendjemanden zu
hassen. Ich weiß, das ist ein
großer Anspruch. Dennoch
halte ich ihn in aller Demut.

 KRAFT

Die Strahlen der Sonne
werden durch Brechung
vervielfältigt. Aber sie haben
nur eine einzige Quelle.
Deswegen kann ich weder
mein Einssein mit der
verderbtesten Seele
aufheben, noch kann man
mir mein Einssein mit der
edelsten bestreiten.

Ich kann dir nicht wirklich
helfen, wenn du keinen
Glauben an Gott hast; und
wenn du an Gott glaubst,
dann brauchst du meine Hilfe
nicht. Darum gebe ich dir den
Rat, an Gott zu glauben und
folglich auch an das Gebet.
Dann wirst du feststellen,
dass alle schlechten
Gedanken von dir abfallen…

KRAFT

Mein Glaube an die Macht
des stillen Gebetes wächst
immer mehr. Es ist eine Kunst
für sich – vielleicht die
höchste Kunst – und erfordert
sehr viel Sorgfalt.

Wenn jemand Kugeln auf
mich abfeuert
und ich sterbe ohne Stöhnen
mit dem Namen Gottes
auf den Lippen – dann sollt
ihr der Welt sagen:
Er war ein wahrer Mahatma.

HASS

MISSTRAUEN

DIALOG

LIEBE

LIEBE LEBEN

EINFÜHRUNG

Diese zweite Freundschaft betrachtete ich als Tragödie in meinem Leben...Dieser Gefährte war ursprünglich meines älteren Bruders Freund; sie waren Klassenkameraden. Ich kannte seine Schwächen, hielt ihn aber für einen treuen Freund. Meine Mutter, mein ältester Bruder und meine Frau warnten mich, ich fände mich in schlechter Gesellschaft. Ich war zu stolz, auf die Warnungen meiner Frau zu hören...Ich habe seither eingesehen, dass ich mich verrechnet hatte. Ein Reformer kann es sich nicht erlauben, intime Beziehungen zu dem zu unterhalten, den er zu reformieren sucht.

EINFÜHRUNG

Treue Freundschaft ist eine Identität der See-
len, die selten auf Erden zu finden ist. Nur
zwischen gleichen Naturen kann Freundschaft
wirklich wertvoll und dauerhaft sein. Freunde
beeinflussen sich wechselseitig. Daher gibt es
in der Freundschaft sehr wenig Raum zum Reformieren. Ich bin der Meinung, dass jede
ausschließliche Intimität zu vermeiden ist;
denn der Mensch nimmt weit leichter Laster
als Tugenden an. Und wer mit Gott befreundet
sein will, muss allein bleiben oder die ganze
Welt zu seinem Freund machen.

HASS

Die Finsternis des Egoismus
ist undurchdringlicher
als die Finsternis selbst.

Der Mensch und seine Tat
sind zwei verschiedene
Dinge. Während eine gute Tat
stets Billigung und eine böse
Tat Missbilligung hervorrufen
sollte, verdient der Täter der
Tat, ob gut oder böse, immer
Respekt oder Mitleid, je nach
Lage des Falls.

HASS

»Hasse die Sünde um der
Sünde willen, aber nicht den
Sünder« ist ein Gebot, das,
so leicht es zu verstehen ist,
doch nur selten verwirklicht
wird, und deshalb breitet sich
das Gift des Hasses in der
Welt aus.

Jesus klagte die
Schriftgelehrten und
Pharisäer der Schlechtigkeit
an, aber er hasste sie nicht.

HASS

Ein einziges Menschenwesen
zu missachten heißt
diese göttlichen Kräfte
missachten und deshalb nicht
nur dieses Einzelwesen
schädigen, sondern mit ihm
die ganze Welt.

MISSTRAUEN

Es ist leichter das Meer
zwischen den Kontinenten zu
überbrücken, als die Kluft
zwischen den Individuen oder
Völkern.

MISSTRAUEN

Angst dient nur dazu, das
Leid zu verstärken und seine
eigene Lage erbärmlich zu
machen.

MISSTRAUEN

Schwachheit führt zu Furcht
und Furcht zu Misstrauen.

MISSTRAUEN

Furcht und Liebe
widersprechen einander.

MISSTRAUEN

Ein Satyagrahi (ein Anhänger
der Gewaltlosigkeit) hat von
der Furcht Abschied
genommen. Er wagt es, dem
Gegner Vertrauen zu
schenken. Auch wenn ihn der
Gegner zwanzigmal
enttäuscht, ist der Satyagrahi
bereit, ihm das
einundzwanzigste Mal zu
vertrauen.

DIALOG

Ehrliche
Meinungsverschiedenheiten
sind oft ein Zeichen für
gesunden Fortschritt.

Ich glaube, wenn ein Mensch
spirituell wächst, gewinnt die
ganze Welt etwas, und wenn
ein Mensch fällt, verliert die
Welt in genau dem Ausmaß.
Ich helfe keinem Gegner,
ohne nicht zur gleichen Zeit
mir und meinen Mitstreitern
zu helfen.

DIALOG

Drei Viertel aller
Misshelligkeiten und
Missverständnisse werden
aus der Welt verschwinden,
wenn wir uns in die Lage
unserer Gegner versetzen und
ihren Standpunkt verstehen.
Wir werden dann entweder
sogleich mit ihnen einig
werden oder wir werden
nachsichtig über sie denken.

Aus der Demokratie wird
nichts, wenn wir nicht bereit
sind, die andere Seite
anzuhören.

Keinesfalls dürfen wir eine
Meinung durch Intoleranz
unterdrücken. Denn dann
werden wir nie wissen, wer
für uns ist und wer gegen
uns. Unabdingbar für unseren
Erfolg ist es daher, dass wir
alle zu voller Meinungsfreiheit
ermutigen.

Um den universellen und
allgegenwärtigen Geist der
Wahrheit von Angesicht zu
Angesicht sehen zu können,
muss man fähig sein, das
geringste aller Geschöpfe wie
sich selbst zu lieben.

LIEBE

Liebe ist die stärkste Kraft,
die der Welt zu eigen ist,
und doch die bescheidenste,
die man sich vorstellen kann.

LIEBE

Liebe verzehrt nicht andere,
sie verzehrt sich selbst.

LIEBE

Mein Leben ist ein
unteilbares Ganzes, und alle
meine Tätigkeiten gehen
ineinander über; und sie alle
haben ihren Ursprung in
meiner nicht zu sättigenden
Liebe zu den Menschen.

Liebe fordert nie, sondern
gibt nur. Liebe leidet nur,
bereut niemals
und rächt sich nie.

ZEITTAFEL

1869 Am 2. Oktober wurde Mohandas Karamschand Gandhi als viertes Kind aus der Ehe
zwischen Karamschand Gandhi und seiner
vierten Frau Putlibai geboren. Die Familie
gehörte ursprünglich zur Händler-Kaste der
Banais. Der Vater hatte hohe Posten in
seinem Fürstentum inne. Die Mutter war
tief religiös – sie und ihr Mann bekannten
sich zu den Vaishnavas, den Verehrern
Vishnus (eine Richtung des Hinduismus) –
und hatte einen Hang zu Askese und Fasten

1882 Im Alter von 13 Jahren Kinderheirat mit
Kasturbai Nakanji

1888 Drei Jahre Jurastudium in London

1891 Rechtsanwalt in Bombay und Rajkot

1893 Entsendung nach Südafrika, politischer
Führer der indischen Einwanderer

1905 Keuschheitsgelübde

1906 bis zur Rückkehr nach Indien (1914) Or-
ganisation des gewaltfreien Widerstands
gegen diskriminierende Gesetze

1911 Feierliches Gelübde: Verzicht auf Privatei-
gentum

1915 Wieder in Indien; Einrichtung eines Ashram (eigentlich Einsiedelei zu Unterrichtung von Schülern durch einen Meister) in Ahmedabad

1919 Beginn des gewaltfreien Kampfes gegen die Unterdrückung durch die englische Kolonialmacht; Kampf für die Unabhängigkeit; Gandhi ist von 1920–1934 Führer der Congress-Partei, der mächtigsten Partei Indiens; Herausgabe von Zeitungen, Zusammenarbeit mit Moslems, mehrere Gefängnisaufenthalte

1925 Autobiographie erscheint

1930 »Salzmarsch« von Ahmedabad nach Dandi, eine der öffentlich wirksamsten gewaltfreien Aktionen gegen die Engländer

1934 Aufbau der Volksbewegung

1939 Aufruf zum Boykott der Aufrüstung anlässlich des Beginns des II. Weltkrieges

1942 Wegen Forderung nach völliger Unabhängigkeit erneuter Gefängnisaufenthalt, während der Haft stirbt Kasturbai

1944 Scheitern der Bemühung um eine Einigung mit den Moslems

1947 Teilung Britisch-Indiens in das moslemische Pakistan und das hinduistische Indien, für Gandhi eine »geistige Tragödie«;

15. August: Unabhängigkeit beider Staaten

1948 20. Januar: Bombenattentat auf Gandhi

30. Januar: Gandhi wird von einem Hindufanatiker in New Delhi erschossen

QUELLENVERZEICHNIS

Die Worte Mahatmas Gandhi wurden folgenden Büchern (die Seitenangabe des jeweiligen Buches steht in Klammern) entnommen:

Eknath Easwaran, Der Mensch Gandhi – sein Leben ist eine Botschaft. Herder Spektrum, 1997
   Seite 11(114), 21(32), 29(42), 30(42), 33(114), 34(44), 50(88), 51(30), 56(111), 65(41), 103(49), 123(66), 127(114), 130(99), 131(102)

Mahatma Gandhi, Aus der Tiefe des Herzens, Benziger Verlag, Zürich und Düsseldorf, 1999
   Seite 59(41), 73(39), 90(30), 101(58), 102(38), 105(49), 106(59), 107(165)

M. K. Gandhi, Eine Autobiographie oder Die Geschichte meiner Experimente mit der Wahrheit, Verlag Hinder + Deelmann, Gladenbach/Hessen, ⁶1995
   Seite 14f(41), 31(133), 32(190), 38f(186), 42(193), 54(21), 55(176), 62f(103f), 86f(72f), 88(231), 110f(28), 113(235), 114(235), 116(235)

Mahatma Gandhi, Friedvoll siegen. Die Kraft der Beharrlichkeit, Integral/Scherz Verlag 1997
   Seite 35(53), 104(117), 115(30f), 124(111), 129(77)

Mahatma Gandhi, Für Pazifisten. Politik und Handeln Bd. 2, Lit. Verlag, Münster 1996
   Seite 80(41), 83(41)

Mahatma Gandhi, Kraft des Friedens, Verlag Herder, Freiburg 1998

Seite 26(18)

Mahatma Gandhi, Wer den Weg der Wahrheit geht, stolpert nicht. Worte an einen Freund. Verlag Neue Stadt, Reihe Saatkörner, München 1998

Seite 16(19), 17(12), 18(12), 19(19), 24(15), 25(18), 27(31), 28(31), 40(76), 41(103), 45(78), 47(99), 52(77), 53(74), 57(80), 58(81), 64(41), 66(41), 67(42), 68(40), 71(82), 76(41), 77(40), 93(54), 94(56), 95(61), 96(52), 97(52), 99(66), 100(66), 112(97), 117(97), 118(118)

Mahatma Gandhi, Worte des Friedens, Verlag Herder, Freiburg 1984

Seite 20(27), 43(61), 44(62), 46(99), 48(58), 49(61), 69(119), 70(127), 72(127), 79(17), 81(48), 82(48), 89(87), 119(121), 120(122), 121(123), 125(62), 126(64)

Trudy S. Settel, Die Weisheiten des Mahatma Gandhi, Bastei-Verlag Gustav H. Lübbe GmbH & Co. KG, Bergisch Gladbach 1998

Seite 22(42), 23(42), 74(60), 75(59), 78(63), 91(122), 92(83), 98(77), 122(39), 128(49)